Bildnachweis:

Seiten 6 links, 9, 10, 12, 13 oben rechts, 13 unten rechts, 14, 15, 16, 23, 24, 26, 34, 40, 41, 44 und Umschlag: iStock by getty images
Seite 6 rechts: Volcko Mar/Shutterstock.com
Seite 8: Olga Besnard/Shutterstock.com
Seite 9 links: Roman Nerud/Shutterstock.com
Seite 11: Tuzemka/Shutterstock.com
Seite 13 links: Bernd Rehorst/Shutterstock.com
Seite 17: Anastasiia Skorobogatova/Shutterstock.com
Seite 18: oneinchpunch/Shutterstock.com
Seite 20: defotoberg/Shutterstock.com
Seite 21 unten: Impact Photography/Shutterstock.com
Seite 22: sirtravelalot/Shutterstock.com
Seite 24 links: Jari Hindstroem/Shutterstock.com
Seite 25: Moviestore collection Ltd./Alamy Stock Foto
Seite 27 links: 360b/Shutterstock.com
Seite 27 rechts: Norman Nick/Shutterstock.com
Seite 27 unten: United Archives GmbH/Alamy Stock Foto
Seite 28: Pictorial Press Ltd./Alamy Stock Foto
Seite 29: BrAt82/Shutterstock.com
Seite 30: Radu Bercan/Shutterstock.com
Seite 31 und Umschlag: microprisma/Shutterstock.com
Seite 32: Figalip/Shutterstock.com
Seite 33: United Archives GmbH/Alamy Stock Foto
Seite 35 oben: 360b/Shutterstock.com
Seite 35 unten: Joseph Sohm/Shutterstock.com
Seite 38 links: 360b/Shutterstock.com
Seite 38 rechts: Paolo Bona/Shutterstock.com
Seite 42 links: Yvan/Shutterstock.com
Seite 42 rechts: Featureflash Photo Agency/Shutterstock.com
Seite 43 links oben: Kathy Hutchins/Shutterstock.com
Seite 43 links unten: katatonia82/Shutterstock.com
Seite 43 rechts: Kobby Dagan/Shutterstock.com

© 2017 Lappan Verlag
in der Carlsen Verlag GmbH, Oldenburg/Hamburg

ISBN 978-3-8303-4404-9

Alle Rechte vorbehalten. Das Werk darf – auch teilweise – nur mit Genehmigung des Verlages wiedergegeben werden.

Idee und Text: Michael Kernbach
Umschlag- und Innenillustrationen: Miguel Fernandez
Lektorat: Leonie Bartels
Herstellung und Gestaltung: Ulrike Boekhoff

Druck und Bindung: Livonia Print
Printed in Latvia

www.lappan.de

MIX
Papier aus verantwortungsvollen Quellen
FSC® C002795

Michael Kernbach

Baujahr 1968

Für:

Lappan

Unser Freizeitpark hieß „Sandkasten" und bestand in der Hauptsache aus Sand. Wir haben uns trotzdem prächtig amüsiert und trugen die dort gewonnene Lebensfreude später in mehreren Schichten Schminke und kunterbunter Kleidung zur Schau.

Baujahr 1968 Sowas baut heut keiner mehr!

Typen wie Joschka Fischer behaupten zwar von sich, auch dazugehört zu haben, aber die echten 68er, das sind nur WIR: die Jungs und Mädels vom Baujahr 1968! Wir rannten bei jedem Wetter zum Spielen vor die Tür, wurden dabei oft genug nass und vom Wind wieder trocken, ohne dass man uns deswegen gleich eine Kur aus Breitbandantibiotika verordnete. Weil wir noch keine Peilsender aka Handys hatten, wussten unsere Eltern oft nicht, wo wir gerade waren und so manche Details unserer Ausflüge würden wir ihnen heute noch nicht verraten.

Egal, wo wir auch hinkamen — Es waren schon welche von uns da. Die meisten waren Freunde, manche aber auch nicht. Dann kam es schon mal zu kleinen Rangeleien, die wir am nächsten Tag schon wieder vergessen hatten. Ging bei einer solchen Auseinandersetzung ein Kleidungsstück kaputt, gab es zu Hause keine Gesprächstherapie, sondern obendrein noch Mecker.

Später passten wir auf unsere Sachen dann erheblich besser auf, denn beim Tanzen in der Jugend-Disco war die Konkurrenz um den Klassenschwarm groß. Wer sich hier trotz tollem Outfit eine Abfuhr holte, konnte nicht einfach mit Mama darüber reden, denn die war nicht die beste Freundin, sondern eigentlich nur ALT.

Mit der NDW begannen unsere wildesten Jahre — Wir haben den Fall der Mauer gefeiert, sind mit Boris online gegangen und halten auch heute noch via Facebook Kontakt mit unseren Freunden von früher – die wir aber immer noch oft und gerne in der Wirklichkeit sehen.

Denn nur „Likes" und „PN" sind uns einfach zu wenig, weil WIR noch wissen, wie es anders geht, wir vom Jahrgang 1968!

Baujahr 1968 – Die Kinder des Summer of Love

Still on the road: Einige 68er-Demos haben sich nie aufgelöst und befinden sich, den Wanderameisen nicht unähnlich, immer noch auf dem langen Marsch. Seit die ersten Kinder aus diesen Zügen bei der Polizei arbeiten und die Zuwege säumen, darf man von einem geschlossenen System sprechen.

Während die Studenten auf den Straßen der Republik den „Muff von 1.000 Jahren" unter den Talaren auslüften und dafür die Fenster öffnen, gelegentlich auch mit Steinen, erkennt der Papst dank einer göttlichen Erleuchtung die enorme Qualitätssteigerung, die mit unserem Jahrgang die Welt-Bühne betritt. Mehr davon, denkt er sich, und versucht via Enzyklika die Pille zu verbieten, ist damit aber ähnlich erfolgreich wie seinerzeit die US-Regierung mit der Prohibition. Diese Pleite markiert den Anfang vom Ende einer moralischen Supermacht. Weil man unserem Jahrgang offenbar schon am Babyspeck ansehen kann, dass wir es einfach krasser draufhaben als der bisherige Menschenkram, erfindet die Bundesregierung aus Angst vor einer Akademikerschwemme noch im gleichen Jahr den Numerus clausus. Das wiederum ist der einzige Grund, warum nicht alle aus unserem Baujahr einen Doktor haben. Danke, Bundesregierung! Uns war das damals aber noch schnurzegal, denn wir hatten andere Sorgen: „Sprechen", „laufen", „Töpfchen" hießen die zuerst anstehenden Aufgaben und …

… Kein Jahrgang vor oder nach uns hat sie so souverän gemeistert wie wir vom Jahrgang 1968!

Baujahr 1968 Bei uns geht es bunt zu!

Auch wenn die Pille schon erste Wirkungen als DER Kinderverhinderer der Neuzeit zeigte, gegenüber dem weltumspannenden Gefühl des „Summer of Love", der neuerdings überall diskutierten und gelegentlich auch praktizierten „freien Liebe", bekam die Chemie-Keule bei unseren Erzeugern keinen Stich – respektive minderte oft nicht eben dessen Folgen. Wir 68er sind darum die letzten Vielen, bevor es mit dem Artenreichtum in Deutschland im berühmten „Pillenknick" rapide den Bach hinunterging.

Zum Frühstück schon mal einen Kullerpfirsich für den Kreislauf oder einen Eckes, dazu Lord Extra, Camel und HB, Autos ohne Sicherheitsgurte und Fahrradfahren ohne Helm: Unsere Eltern waren in vielerlei Beziehung kein Vorbild für uns, hatten dabei aber eine Menge Spaß. Alles auf einmal geht eben oft nicht.

Die Welt, die wir betraten, war vor allem eines – **quietschbunt!**
Die gerade einsetzende Auflösung aller überkommenen Konventionen begann zuallererst beim Geschmack und wir wurden darum in einen Farb-Tsunami aus Orange, Braun, Gelb und Grün hineingeboren.

Dazu schrie Heintje für uns im Radio nach der „Maaamaaa" und im Kino zeigte Polanski unseren Eltern mit „Rosemaries Baby", was für ein Glück sie eigentlich mit uns hatten. Weil es dank Vollbeschäftigung überall ziemlich geschmeidig lief, durften wir uns vom ersten Tag an über eine erquickliche Auswahl an Spielzeug erfreuen, das aus dem Wunderstoff der Zukunft gemacht war: Plastik! Ein zu dieser Zeit ökologisch noch völlig unbedenklicher Werkstoff, weil niemand jemals etwas wegwarf. Damals galt noch: Was ewig hält, kann man auch ewig nutzen. Niemanden interessierte es dabei, ob die Herstellermarke noch angesagt oder das Muster noch „in" war.

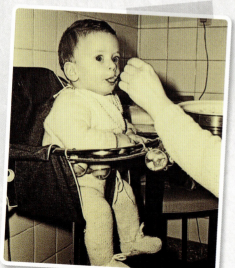

Unsere ersten Puppen und Bausteine waren darum oft schon durch den Geschwister-TÜV gelaufen und sollten nach uns auch noch der nächsten Charge Kinder Freude bringen.

Schmeckt nicht? Gibt's nicht! Während wir in den Küchen unserer Mütter häufig als erster Gradmesser für die Verträglichkeit neuartiger Rezepte gern gesehene Gäste waren ...

Zu Hause war Mama der uneingeschränkte Boss — bis Papa von der Arbeit zurückkam und sie von dieser undankbaren Rolle erlöste. Wir sahen der Heimkehr von Vater manchmal mit gemischten Gefühlen entgegen, denn auch wenn er oft ein toller Quatschmacher sein konnte und manchmal kleine Überraschungen mit nach Hause brachte, war er auch Oberster Gerichtshof und Strafvollzugsbeamter in einer Person. Mama, die uns auch nach kleineren Vergehen den ganzen Tag prophetisch die Apokalypse voraussagte und uns davor warnte „Wenn Papa heute nach Hause kommt …", sah sich dabei oft in ihren dunkelsten Vorahnungen bestätigt. Nicht zuletzt auch, weil sie das Urteil über unsere Missetaten praktischerweise schon mal für unseren geschlauchten Ernährer vorformuliert hatte und er es zwischen Sportteil und „Lokales" nur noch verkünden musste. Die Höchststrafe war der Stubenarrest.

Weil es weder Netflix, Instagram oder Spotify gab, mussten wir uns mit uns selbst beschäftigen und lernten dadurch ein Gefühl kennen, das heute viele unserer eigenen Kinder offenbar vergessen haben: die Langeweile!

… waren längere Aufenthalte im Wohnzimmer eher seltener Natur. Wir warteten oft stundenlang vergeblich in den ungeheizten Fluren unserer Wohnungen auf Einlass in die heiligen Hallen, in denen Vater die größten Schätze unseres Haushalts mit Argusaugen hütete. Zumindest war das unsere subjektive Wahrnehmung.

Butterbrot und Spiele:
Home-Entertainment-Box „Kinderzimmer"

Rollenspiele waren DAS Ding unserer Kindheit, nur ohne den ganzen japanischen Manga-Quatsch. Wir mischten Vorbilder der jüngeren Geschichte wie Napoleon und Che Guevara zu Superhelden oder träumten davon, eines Tages ein Rennfahrer zu werden wie Niki Lauda – nur halt ohne Unfall, bitte.

Während wir in den ersten Lebensjahren oft noch mit dem prähistorischen Unterhaltungspröll unserer Ahnen und Urahnen klarkommen mussten, verbesserte sich die Lage mit Ankunft des Imperators und des Todessterns deutlich zugunsten einer zukunftsorientierteren Spielzeugauswahl.

Baujahr 1968 — Tinte, Tadel und Tornister

Gerade, als wir anfingen, die vielen kleinen Kinder im Kindergarten als richtig lästig zu empfinden, hatten unsere Eltern ein Einsehen und schickten uns in die Schule. Eine Entscheidung, mit der wir nun viele Jahre klarkommen mussten. In der Schule warteten Klassenzimmer auf uns, die eigentlich für die viel kargeren Jahrgänge der 50er-Jahre gebaut und entsprechend kuschelig waren, weil man nun bis zu 40 Stück von uns in eines dieser Räumchen pferchte. Nicht, dass das irgendwen sonderlich gestört hätte. Weder beschwerten sich unsere Eltern bei der Schulleitung über diese lagerartigen Verhältnisse noch wurde die Butze wegen der schwierigen Fluchtwegsituation einfach geschlossen. Im Gegenteil!

Um uns zumindest vormittags einfach mal los zu sein, war unseren Müttern oft jedes Mittel recht. Die Schultüte war so ein fieser Trick. In der Annahme, nun jeden Morgen einen solchen Zuckercontainer mit auf den Weg zu bekommen, feierten wir in unserem Zuckerrausch den Schuleintritt als den Beginn einer idealen Lebensphase. Der Day After war darum umso ernüchternder.

Die ohnehin zu engen Räume waren mit Weglaufsperren aus Holz befüllt und wir dazu gezwungen, an diesen ergonomischen Folterbänken stundenlang ruhig auszuharren. Weil der Schularzt, der einmal im Jahr unsere Turnhalle besuchte, sich nur mit Schluckimpfung und Lungeabhorchen auskannte, trugen wir aus reiner Unkenntnis heraus keine Haltungsschäden davon. Selig sind eben die Unwissenden!

Neben wenig Platz und schlechten Sitzen gab es aber auch viel zu lernen. Wir übten zuerst auf Tafeln mit Kreide, dann in verschiedenen Schulheften mit Füllern mehrere Formen der Schreibschrift, die nicht nur nach der Anzahl der Fehler, sondern auch nach Schönheit prämiert wurde.

> Wir genossen Bildung in der Holzklasse – im wahrsten Sinne des Wortes.

Auch wenn es am Anfang nicht immer leicht war, stellten sich Fähigkeiten wie Lesen, Schreiben und Rechnen schnell als sehr nützlich heraus. Wer etwa dank dieser Kulturtechniken seinem Lehrer einen Zettel mit dem Text „Ich bin dofh!" auf den Rücken heften konnte, konnte sich nun gleich selbst ausrechnen, welche Strafe ihm dafür blühte.

Der Coole von der Schule: Nach der Einschulung und dem gemeinhin als erniedrigend empfundenen ersten Jahr als „I-Dötzchen" hatten wir schnell raus, wie der Hase so läuft. Die Mädels machten den Jungs schöne Augen – wenn diese über das richtige Outfit und den richtigen fahrbaren Untersatz verfügten. So lernten wir in der großen Pause und nach der Schule im Freibad oft mehr fürs Leben als in den stundenlangen Vorträgen unserer Pauker.

Das Beste an der Schule waren die Zeiten ohne Lehrer und Unterricht.

Wir spielten in den Pausen „Jungen fangen Mädchen", Gummitwist oder Fußball. Wer langsam oder ungeschickt war, musste manchmal zusehen und sich obendrein auch noch ein paar blöde Sprüche anhören. Weil die Suche nach einem Aufarbeitungsgespräch mit Eltern oder Pädagogen als „petzen" den sozialen Tod bedeutet hätte, schluckten wir diese Zurücksetzungen runter, wurden eben schneller und geschickter und rächten uns später bei den Großmäulern mit einem vernichtenden Sieg. Oder suchten uns etwas, das wir eben besser konnten. So lernten wir unsere Fähigkeiten auszutesten, Niederlagen durchzustehen und uns durchzubeißen. Ein Training, von dem wir heute noch oft genug profitieren.

1968 – 1979 Das waren Zeiten!

1968

Das Jahr 1968 markiert den Übergang in die moderne Welt, wie wir sie kennen: **Quelle beginnt mit dem Versand von Tiefkühlkost** und **Dick Fosbury revolutioniert den Hochsprung.** Warum seine neue Erfolgstechnik „Flop" heißt, bleibt bis heute sein Geheimnis. **Intel und Led Zeppelin werden gegründet** und die **Wahl Nixons** legt den Grundstein für den **Watergate** Skandal. Einen besseren Zeitpunkt zum Geborenwerden kann man sich also kaum wünschen!

1969

Wohl weil man sie nicht nett eingeladen hat, geben die **Beatles** ihr letztes Konzert nicht in Woodstock, sondern auf dem Dach ihrer Firma **Apple in London.**

Ein Name, der da noch alleine der Band gehört und dessen Nutzung eine Computerfirma später einmal viel Geld kosten wird. Die Wessis wagen derweil mehr Demokratie und machen **Willy Brandt zum Kanzler. Neil Armstrong** kann sich das alles entspannt als erster Mensch vom Mond aus anschauen.

> Der Apfel war die Kirsche auf der Sahne der ohnehin fetten Beatles-Torte. Nie zuvor oder danach haben Menschen mit dem Bild eines halben Apfels annähernd so viel Geld verdient, wie die vier Jungs aus Liverpool.

1970

Ein wichtiges Jahr für alle Deutschen: **Der erste Tatort** mit dem prophetischen Titel „Taxi nach Leipzig" läuft im Fernsehen. Der **„Kniefall von Warschau"** wird Brandts Ticket für den Friedensnobelpreis und mit dem „Big Raushole" von Andreas Baader gelingt der **RAF** gleich zu Beginn die Erfüllung ihrer späteren Hauptforderung: die Befreiung der Gefangenen. Hätten sie mal damals besser gleich aufgehört!

1971

Das „deutsche Fräuleinwunder" geht zu Ende. Ab jetzt muss auch die unverheiratete Frau als ... „Frau" ... bezeichnet werden. Nicht nur, weil wir in unserer ersten Trotzphase stecken, ist das Wort des Jahres **„aufmüpfig"**. Leider kann diese Nachricht noch nicht per **E-Mail** verbreitet werden, weil diese gerade erst von Ray Tomlinson erfunden wird.

1972

Kim Il Sung wird Staatspräsident von Nordkorea, „auf ewig" – und wütet wohl deshalb in seinem Enkel weiter fort. Gruselig. Der **Front National** wird gegründet und Beckenbauer/Hoeneß legen mit dem **Gewinn der EM** den Grundstein ihrer Hegemonialmacht im deutschen Fußball.

1973

Nach den vielen fetten Jahren setzt die OPEC unsere Eltern auf eine drastische **Öl-Diät**, wegen der nun alle jeden zweiten Sonntag zu Fuß gehen müssen. Wenigstens für unser späteres Vergnügen wird derweil gesorgt: **Kiss und AC/DC gründen sich.** Damit die Zukunft aber nicht ZU cool aussieht, läuft sich zeitgleich Helmut „Birne" Kohl für die 80er-Jahre warm und wird schon mal CDU-Vorsitzender.

> Wie sehr unsere Eltern auch fluchten und schimpften – Dr. Scheich wurde nicht weich: Der Ölhahn blieb wochenlang zu. Gerade und ungerade Zahlen auf dem Autokennzeichen machten stolze Sonntagsfahrer zu schnöden Sonntags-Spaziergängern.

1974

Die **DDR** bekommt ein eigenes KFZ-Nationalitätszeichen vermutlich, um sich vom Fußball-Weltmeister aus dem Westteil besser unterscheidbar zu machen. **ABBA** gewinnen den Grand Prix und **Muhammed Ali** den **„Rumble in the Jungle"**. Die Eröffnung des ersten **Ikea**-Marktes in Deutschland macht das Jahr zu einer richtig runden Sache.

1975
67% der Briten stimmen beim Brexit-Referendum mit „Nein" und **England bleibt Mitglied in der EWG.** Früher war halt alles besser. **Bill Gates gründet Microsoft** und das erste **YPS-Heft** erscheint – das Todesurteil für Millionen von Urzeitkrebsen!

1976
Helmut Schmidt wird Bundeskanzler und bekommt gleich einen neuen, Bürger: **Wolf Biermann** darf nach einer Konzertreise nicht mehr in die DDR zurückkehren. **Mao und Meinhof sterben**, jedoch nicht als Folge der **Todesstrafe**, die in den **USA** wiedereingeführt wird.

1977
Die GSG 9 stürmt die **„Landshut" in Mogadischu**, was eine Reihe von Terroristen dort und in Stammheim das Leben kostet. Ebenfalls gen Himmel fahren **Elvis und Charlie Chaplin**. Damit die so entstandene Lücke gefüllt ist, proklamieren Queen mit **„We Are the Champions"** die frei gewordenen Throne des Entertainments allein für sich.

1978
Reinhold Messner besteigt den Mount Everest ohne Sauerstoffgerät. Eine körperliche Grenzleistung, die viele Fußgänger heute, dank der Abgase des **Passat Diesel**, der gerade auf den Markt kommt, täglich auf dem Weg zur Arbeit leisten müssen. Es gibt gleich **drei Päpste**, der letzte der Reihe bleibt dann aber fast 27 Jahre und beweist so die Richtigkeit der Evolutionstheorie: Survival of the Fittest!

1979
Pünktlich zur **ersten Weltklimakonferenz** meldet das Ruhrgebiet den ersten **Smogalarm** Deutschlands und beschleunigt so das Grubensterben. Wenn das mal so schlau war. **Der Spritpreis überschreitet die 1 DM-Grenze und der HSV wird Meister.** Ja genau, DER HSV, richtig, im Fußball!

Baujahr 1968 Ich will zurück nach Westerland!

Weil wir Neuseeland nur von Briefmarken und New York lediglich aus Krimiserien kannten, fanden wir Reisen innerhalb von Deutschland oder nach Spanien und Italien gar nicht so übel. Campingplätze waren der Garant für viele neue Bekanntschaften und das eigene Zelt besser als jedes Fünf-Sterne-Resort.

Unsere Neigung, möglichst viel Zeit draußen und mit unseren Freunden zu verbringen, schlug sich auch in der Gestaltung der großen Ferien nieder. Weil Flugreisen und Hotels nur für Snobs und Reiche waren, landeten wir praktisch jeden Sommer auf Bauernhöfen, Campingplätzen oder in Jugendzeltlagern. Gott sei Dank! Denn statt gelangweilt in 20-Stunden-Flügen um den halben Globus zu jetten, war schon die Anreise oft genug ein echtes Abenteuer.

Die Fahrt in den Urlaub war ein gewaltiges Manöver, das von unseren Eltern mit größter Sorgfalt angegangen wurde. Während Vater das Fahrzeug nach einem hochspeziellen Plan maximal raumnutzend mit unserem Gepäck überlud, richtete Mutter eine Provianttasche, mit der man den Südpolforscher Scott und seine Crew seinerzeit locker vor dem Verhungern hätte retten können.

Für uns allerdings war es trotzdem knapp bemessen. Das lag daran, dass die weite Reise viel Energie kostete und wir schon auf der Autobahnauffahrt unserer Heimatstadt begannen, die Vorräte zu plündern. Zwischen den Mahlzeiten notierten wir die Nummernschilder der vorbeifahrenden Autos und winkten, wenn wir eines aus unserer Heimat erkannten. Am Zielort angekommen, verabschiedeten wir uns von unseren Eltern. Wir sollten sie von nun an nur noch zu den Mahlzeiten und in ihrer wichtigen Rolle als Zahlmeister wiedersehen. Diese Aufgabe erfüllte Papa im Urlaub besonders zuverlässig, weil ihn nichts mehr störte als eine Horde Blagen, die in frenetischer Lautstärke „Ooohhh, BITTE!" schrie.

Mit diesen Extra-Zuwendungen lebten wir wie die Maden im Speck. Eis gab es gleich mehrmals am Tag und manchmal reichte es sogar für eine Runde Minigolf.

Badehose und Badeanzug waren der durchgehende Dresscode des Sommers und der schlimmste Abend immer der, an dem wir uns was „Anständiges" anziehen mussten, um mit den Eltern essen zu gehen. Weil die uns aber sonst so schön in Frieden ließen, überstanden wir auch diese Pflichtveranstaltung und tummelten uns gleich am nächsten Tag wieder mit unseren Ferienfreunden – die wir am Urlaubsende dann mit Kloß im Hals verabschieden mussten. Wir tauschten Adressen und schrieben uns Briefe, deren Ankunft wir sehnsüchtig erwarteten. Einfach mal dort anzurufen, wäre uns nicht in den Sinn gekommen. Ein Ferngespräch hätte die Telefonrechnung in astronomische Höhen und Vater zur Weißglut getrieben.

```
Mutter war der beste
Navigator und führte uns
  auch ohne Google Maps
     instinktiv zu den
    schönsten Urlaubsflecken
 – auch wenn am Ende schon
    mal Meer statt Berge
     dabei rauskam. Unser
   Motto war: „Siena oder
 Starnberg – Hauptsache
          Italien!"
```

Baujahr 1968: Muppets, Meinhof, Mittermaier – die 70er zwischen Traum und Traumata

Ziemlich beste Freunde: Das Radio machte uns schon sehr früh schwer musikabhängig und wir geraten heute noch körperlich völlig außer Kontrolle, wenn wir die Musik von Blondie, ABBA oder Queen hören.

Was die späten 60er-Jahre an Befreiung von Normen erreicht hatten, mussten wir nun als Kinder in den 70ern ausbaden. Mit vielen unserer Schulfotos sind wir bis heute, alleine schon wegen der Frisuren, erpressbar und der damals allgegenwärtige Buntfilm macht diese Schnappschüsse durch die farbechte Wiedergabe unserer Kleidung auch nicht gerade besser. Wie zum Trost bekamen wir dank Sesamstraße, Rappelkiste und Muppet Show dafür nicht richtig mit, wie dem guten, alten Wirtschaftswunder nun doch die Luft ausging und es – zusammen mit der Ölkrise – unseren Eltern tiefe Sorgenfalten auf die Stirne trieb. Überhaupt waren die 70er eine Zeit mit viel Licht und Schatten.

Während wir uns zu Hause über die Witze von Otto und Didi Hallervorden scheckig lachten, murksten die Mitglieder der RAF auf den Straßen reihenweise Politiker und Polizisten ab, um damit ... ja, warum eigentlich?!

Aber es gab auch gute Nachrichten — Das Team der BRD wurde 1974 Fußball-Weltmeister und zwar, nachdem Beckenbauer und Co. sich von der Auswahl der DDR hatten besiegen lassen. So hatte am Ende dann ganz Deutschland was von diesem Triumph.

Von klein auf lernten wir, dass der Samstagabend der beste Teil der Woche ist. Weil wir aber für die Disco noch zu klein waren, saßen wir stattdessen frisch gebadet vor der Glotze. „Die deutsche Hitparade im Zett-De-Eff" und „Das laufende Band" waren die Sendungen, die wir dann oft mit Oma und Opa schauten, weil unsere Eltern am Wochenende ausgingen, um in Partykellern zu dröhnend lauter Schlagermusik Mett-Igel zu verzehren und dazu Erdbeerbowle zu trinken.

Auch wenn es das erste Jahrzehnt nach dem Krieg war, in dem es nicht nur aufwärts ging, ließen sich unsere alten Herrschaften den Spaß nicht verderben – und davon können wir uns heute noch eine Scheibe Schinkenhäger abschneiden!

Auch wenn die samstäglichen Kakao-Orgien bei Oma manchmal gewichtigere Probleme nach sich zogen als das Zuckerkoma vor der Glotze, hätte deswegen niemand unsere Großeltern zur Rede gestellt oder ihnen gar Ernährungsanweisungen gegeben. Zucker und Kinder – das war von Gott gewollt.

Baujahr 1968 Mode-Ketten statt ModeKetten

Schulterpolster, Karottenhosen und Neon-Look – na, wer hat's erfunden? Klare Sache: Wir! Die Modeschöpferklasse von 1968, wobei es, zugegebenermaßen, bei einigen wenigen von uns durchaus eine winzige Kluft zwischen Wunsch und Wirklichkeit zu erspähen gab!

Nachdem man in den 70er-Jahren von Koteletten in Handfeger-Stärke bis zu Maxiröcken im Zigeuner-Look praktisch jedes Styling-Verbrechen begangen hatte, was der Mensch zu begehen imstande war, war es nun an uns, ein Jahrzehnt des Geschmacks und der Extravaganz einzuläuten. Okay, am Anfang taten auch wir uns ein bisschen schwer.

Der Pornobalken im Gesicht der Herren hielt sich lange Zeit ebenso hartnäckig im Straßenbild wie die fiese Nicole-Gedächtnis-Dauerwellen-Frise.

Aber wir arbeiteten hart an unserem Outfit und mit der aufkommenden NDW gelang uns als Teenagern mit mutigen Cross-over-Looks die Befreiung aus der Schlaghosen- und Parka-Zeit. Gestreifte Stretchjeans waren DAS Ding und neonfarbene T-Shirts der knalligste letzte Schrei. Auf diese bunte Basis pinnten wir dann Buttons, die wir bei den Punks abgeguckt hatten und kombinierten das Ganze mit den ersten schicken Hüftjacken, wie sie Michael Jackson im „Beat it"-Video trug.

Auf unseren Köpfen trugen wir wilde Experimente, die unter Namen wie „Vokuhila" oder „Pudellook" traurige Berühmtheit erlangten. Dann kamen mit Madonna, Cyndi Lauper, Sade und den Jungs von Miami Vice echte Stilikonen, die uns halfen, die überbordenden Kombinationsmöglichkeiten geschmacksicher zu verbinden und einen Look zu schaffen, der an Coolness bis heute nicht überboten werden konnte. Fette, und zwar richtig fette, Schulterpolster verhalfen auch dem kleinsten Schlacks zur Figur eines Footballprofis. Pumps, Karottenhosen, Perlenketten, knallroter Lippenstift, Bubikopf oder Sleek-Look und jede Menge schwarzer Kajal ließen die Mädels ebenso begehrenswert wie unnahbar aussehen wie Linda Evangelista oder uns Claudia Schiffer. Wenn wir ausgingen, galt für uns das Motto: **„Schöner als wir? – Geht nur geschminkt, aber geschminkter als wir, ist nicht mehr schön!"**

> Wenn wir Angst vor unserer eigenen Mode-Courage bekamen, schauten wir uns ein paar Fotos von Madonna an und merkten beruhigt: Von der Einlieferung in eine Nervenheilanstalt waren wir noch weit entfernt.

Baujahr 1968 Ich glotz' TV!

Unsere Eltern waren sich einig –
Fernsehen und Comics waren der Grund allen Übels und gehörten eigentlich verboten – was sie dann gerne und bei jeder sich bietenden Gelegenheit auch taten. Da aber Fernsehverbot als eine der schwersten Strafen nur für Kapitalverbrechen wie Lügen, Sachschäden am Sonntagsgeschirr oder einer Fünf in Mathe ausgesprochen wurden, hatten wir oft genug das Vergnügen, die Abenteuer von Wickie, der Biene Maja, Mork vom Ork oder Timm Thaler mitzuerleben.

Er war der Chef. Drei verschiedene Programme, meistens bunt, gelegentlich sogar schon am frühen Nachmittag: Fernsehen, das war manchmal genauso gut wie zu spielen. Eine Qualität, die das Medium später unter so vielen Sendern aufteilen musste, dass heute leider fast nichts mehr davon übrig ist.

Wir waren auch dabei, als „Wetten, dass…?" das erste Mal über die Mattscheibe flimmerte und die Familie vor der Glotze zusammentrommelte, sodass es bei uns samstags manchmal aussah wie bei den Waltons, bevor John-Boy Elisabeth „Gute Nacht!" wünschte.

Pioniere der guten Unterhaltung: Während man den Helden unserer Lieblingsshows heute schon Denkmäler gesetzt hat, um sie vor der Vergänglichkeit zu bewahren …

… bleiben uns andere Stars des Fernsehens für immer so erhalten, wie wir sie kennengelernt haben. Manchmal ist eben (eine Dimension) weniger doch mehr.

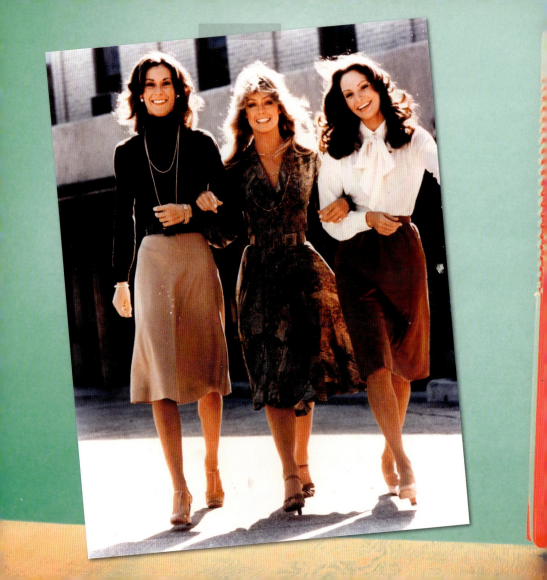

In Serie ...

... brachen wir uns die Zunge an den Namen der Kinder vom **BARBARPAPA** ...

... waren wir zu Gast im **HAUS AM EATON PLACE**.

... flogen wir mit der **BIENE MAJA** und ihrem Freund Willi über die Wiesen ...

... und lachten über die manchmal ziemlich derben Späße von **TOM UND JERRY**.

... Wir fieberten mit **JIM KNOPF** im Kampf gegen „die Wilde 13" ...

... sangen den Vorspann „Auweia, auweia, der Hahn legt keine Eier" von **NEUES AUS UHLENBUSCH** ...

... wären wir gerne **STARSKY UND HUTCH** gewesen (oder deren Freundinnen) ...

... oder einer der **DREI ENGEL FÜR CHARLIE** (oder einer deren Freunde).

... oder machten im **ROCKPALAST** die Nacht zum Tag.

Baujahr 1968 – Music was my first Love!

Fast noch besser als Fernsehen waren unsere Lieblingssendungen im Radio, durch die wir alle Songs auf Kassette aufnehmen konnten, die wir uns als Platte nicht leisten konnten. Die Moderatoren, die dabei immer in die Lieder reinquatschten, verfluchen wir noch heute und wünschen ihnen einen Platz in der tiefsten Radiohölle!

Von ABBA bis Zappa – wir hatten sie alle! Vinylplatten, Kassetten und später CDs waren die Hauptfeinde unseres Taschengeldes. Jede Investition in eine neue Platte tat uns im Geldbeutel höllisch weh, weswegen wir die Dinger rauf und runter spielten, bis wir jeden kleinen Kratzer auswendig kannten. Weil wir für Musik auf andere Dinge zu verzichten lernten, sind wir unseren Hits und Stars bis heute treu geblieben.

Radio GaGa – der ultimative Supersender!

08 – 12 Uhr: Here we go, die Morning Show!

Village People:	YMCA
AC/DC:	Highway To Hell
Dschingis Khan:	Dschingis Khan
Lips Inc.:	Funkytown
Stevie Wonder:	Master Blaster
Ottowan:	Hands Up
Foreigner:	Urgent
Laid Back:	Sunshine Reggae
Nena:	99 Luftballons
Wham!:	Wake Me Up Before You GoGo
Kenny Loggins:	Footloose
Harold Falterm.:	Axel F.

12 – 16 Uhr: Mit Schwung in den Tag!

ELO:	Don't Bring me Down
M:	Pop Muzik
Dr. Feelgood:	Sexy Eyes
O. Newton-John:	Xanadu
Soft Cell:	Tainted Love
Queen:	Another One Bites the Dust
Toto:	Africa
Madness:	Our House
Michael Jackson:	Billie Jean
Laura Branigan:	Self Control
Shakatak:	Down on the Street
Duran Duran:	The Wild Boys

16 – 20 Uhr: Let's get the party started!

Donna Summer:	Hot Stuff
Blondie:	Heart of Glass
The Sugarhill Gang:	Rapper's Delight
AC/DC:	Back in Black
Earth and Fire:	Weekend
Kim Wilde:	Kids In America
Gottlieb Wendehals:	Polonäse Blankenese
Survivor:	Eye of the Tiger
Trio:	Da Da Da
Geier Sturzflug:	Bruttosozialprodukt
Mike Oldfield:	Shadow on the Wall
Rodgau Monotones:	Die Hesse komme
Tears for Fears:	Shout

20 – 24 Uhr: Good night, sleep tight!

Jennifer Warnes: Up Where We Belong
F. Goes to Hollyw.: The Power of Love
The Commodores: Nightshift
Joe Cocker & Genesis: Mama
Lionel Richie: Hello
Sade: Smooth Operator
Barbra Streisand: Woman in Love
Sheena Easton: For Your Eyes Only
John Lennon: Woman
Phil Collins: In the Air Tonight

Baujahr 1968 ... und Montag war Kinotag!

Weil es gigantische Flatscreens nur in James-Bond-Filmen gab

und die für uns ähnlich erreichbar waren wie die dort ebenfalls genutzten Raketenrucksäcke und Autos mit Boden-Luft-Raketen, gab es für das große Leinwand-Erlebnis nur eine Lösung: der Besuch des örtlichen Kinos. Das Lichtspieltheater war nicht nur in Sachen Bildschirmgröße eine Klasse für sich, auch in Sachen Dunkelheit und Anonymität war es marktführend und ein wichtiger Rückzugsort für unseren biologischen Reifeprozess. Aber das alles wurde schlagartig zum Beifang, wenn der Hauptfilm begann und wir zu den ersten Augen- und Ohrenzeugen einiger der besten Filme gehörten, die jemals gedreht wurden. Weil wir uns nicht jeden Blockbuster zehn Tage vor seiner Premiere auf Youtube oder Kinox.to beim Busfahren auf dem Smartphone anschauen konnten, war das Kino für uns die einzige Chance, jeden wichtigen Film rechtzeitig zu sehen – und mitreden zu können. Denn bis der Streifen auf einer VHS-Kassette in unserer Videothek zu haben war, hatte er schon sooo einen Bart.

Es waren eben auch schon damals schnelle Zeiten!

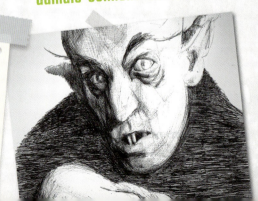

Als „der, dessen Name nicht genannt werden darf" noch eine Nase hatte, versetzte er unter dem Künstlernamen „Nosferatu" die Kinobesucher derart in Angst und Schrecken, dass einem fast die Lust aufs Eiskonfekt vergehen konnte – also, fast.

Nachmittags~~~~~

Nachmittagskino
La BOUM –
Die Fete

Kings of Kino!

WIR STARTETEN mit BERNARD UND BIANCA, DER MÄUSEPOLIZEI auf einem bedingt flugfähigen Albatros, der uns trotzdem direkt zu den Raumschiffen von STAR WARS und KAMPFSTERN GALACTICA brachte, wo wir über LOUIS' UNHEIMLICHE BEGEGNUNG MIT DEN AUSSERIRDISCHEN lachten und dann in einen LKW umstiegen, um mit THEO GEGEN DEN REST DER WELT zu kämpfen.

WIR HATTEN EINEN MORDSSPASS auf LA BOUM – DIE FETE und lachweinten, bis E.T. DER AUSSERIRDISCHE endlich wieder nach Hause konnte. Ein richtiges Vorbild lernten wir in Überlänge mit GHANDI kennen.

ABER AUCH DER hätte die Trottel der POLICE ACADEMY nicht auf Spur bringen können, die dafür aber fast genau so lustig waren wie OTTO-DER FILM, aber nur halb so knallhart wie der TERMINATOR.

Nachmittagskino
La BOUM 2
Die Fete geht weiter

Baujahr 1968 Kalter Krieg und heiße Partys!

Es gab sicher auch schon vorher eine ganze Menge durchaus ansprechende Jahrzehnte in der Geschichte der Menschheit, aber garantiert war keines auch nur annähernd so krass abgefahren wie unsere 80er.

Weil es eher heute als morgen mit der Welt in einem atomaren Big Bang für immer zu Ende gehen konnte, bemühten wir uns nach Kräften, jede Menge Spaß zu haben.

Aus diesem Grund finanzierten wir die NDW mit unserem Taschengeld und machten mit dem Rest der Kohle „Werner" zur reichsten Comicfigur Deutschlands.

Manchmal war aber auch Schluss mit lustig!

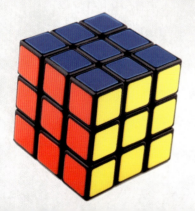

Die 80er waren ein kniffliges Jahrzehnt, indem nicht nur die allgemeine Weltlage, sondern sogar unser Spielzeug für Kopfzerbrechen sorgte.

Uns musste man nicht lange bitten, wenn es darum ging, für eine Sache Kante zu zeigen.

Weil es aber noch keine Online-Petitionen gab, die wir kuschelig aus dem Bettchen heraus hätten unterschreiben können, um dann mit einem guten Gewissen einzuschlafen, mussten wir dafür raus auf die Straße. Dort wartete die Polizei auf uns, leider auch schon mal mit Wasserwerfern und Schlagstöcken. Wir haben trotzdem demonstriert.

Solange, bis der blöde Kalte Krieg endlich vorbei war und die Verleger von Schulatlanten glücklich machte, weil dort jetzt ständig alte gegen neue Länder ausgetauscht werden mussten.

Unser Kanzler war eine Birne mit Saumagen und ein VW Golf Cabrio der Schlussstein des dekadenten Luxus'.

Wir hatten das Glück in einer Zeit jung sein zu dürfen, in der es noch unterscheidbar „Gut" und „Böse" gab wie in „Rocky IV" und in der „Twix" noch „Raider" hieß.

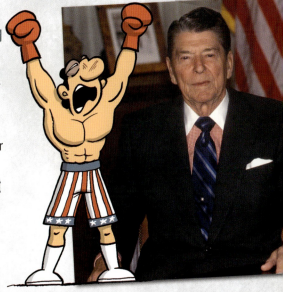

1980 – 1989

Das waren Zeiten!

1980

Schauspieler **Ronald Reagan gewinnt die Wahl.** Er wird seiner Linie treu bleiben und auch als neuer US-Präsident glaubhaft den Revolverhelden verkörpern. Einem Revolver fällt auch ein wahrer Held zum Opfer: **John Lennon wird vor seiner Haustür erschossen.** Ein viel zu früher Tod, der zahlreichen Motorradfahrern nun dank der jetzt eingeführten Helmpflicht erspart bleibt.

1981

gibt es gleich zwei Großereignisse, die den Verlauf der 80er-Jahre für uns entscheidend prägen werden: **Bei der Berliner Funkausstellung wird erstmals die CD präsentiert** und im Fernsehen läuft die Premiere von **„Wetten, dass …?"**

Ein Zeichen, dessen Fehlen schon zahllose Freundschaften zerstört hat. Ohne das 1982 geschaffene „Emoticon" sind witzig gemeinte Bemerkungen heutzutage nicht mehr zu erkennen. Beispiel? „Du alter Sack!" oder „Du alter Sack! :-)" Ist klar, ne?

1982

Als Gegenreaktion auf die Inthronisierung Helmut Kohls zum Bundeskanzler formieren sich wütende junge Männer zu Musikgruppen, die wir später als **„Die Toten Hosen"** und **„Die Ärzte"** einfach nicht mehr loswerden sollen, Gott sei Dank! Währenddessen revolutioniert Scott Fahlman mit der Erfindung des Emoticons **„:-)"** für immer unsere Kommunikation und leitet so das Ende des geschriebenen Wortes ein.

1983

Am Vorabend des **Orwell-Jahres** plant die Bundesregierung eine Volkszählung. Wie doof kann man sein! Die Republik geht wegen der Erfassung von Daten an die Decke, die heute auf jeder **Payback-Karte** drauf sind. Der Bundesgerichtshof stoppt das Vorhaben, was der Erzkomiker **Louis de Funès** leider nicht mehr erlebt, genauso wenig wie die Einweihung der **ersten Tempo 30-Zone** in Buxtehude.

1984

Dass ausgerechnet 1984 der spätere **„Big Brother"-Sender RTL an den Start** geht, kann kein Zufall sein, genauso wenig wie die Markteinführung des ersten **„Mac" von Apple,** der Mutter aller Datenkraken. Ein weiterer dunkler Schatten, der sich auf die Zukunft legt, ist die Veröffentlichung von **„Last Christmas"**. Weihnachten wird nun nie wieder sein, wie es mal war.

Ein Software-Zwerg mit dem Namen eines Putztuchs. Kein Wunder, dass alle auf das viel coolere Commodore schauten – die hatten schließlich sogar eine eigene Band mit Lionel Richie, die „Commodores".

1985

Der Gröxit: Grönland verlässt die EG und **im Silikon Valley wird Windows 1.0 der Presse vorgestellt** – natürlich, wie es sich für dieses Programm gehört: in der ersten, leicht nachgebesserten Version 1.0.1.. Es hat dabei aber weniger illustre Gäste wie die Präsentation des **Commodore Amiga,** bei der Andy Warhol und Debbie Harry zugegen sind.

1986

Nach der **Challenger- und Tschernobyl-Katastrophe** sehnen sich die Menschen nach einem Mann, der aufräumt. Die Stadt Carmel kann sich diesen Traum erfüllen und macht **Clint Eastwood zu ihrem Bürgermeister.** Von dort kann Eastwood aber nicht den Mord an Olof Palme verhindern. Schweden ist selbst mit Ersatzpferd zu weit weg.

1987

Bilder im Kopf: **Toter Mann in Badewanne.** Hände wühlen in BHs. Da muss unsereins nicht lange überlegen: Barschel und Carrells Khomeini-Gag in „**Rudis Tagesshow**" waren damals überall DAS Thema – wenn man nicht gerade über **Mathias Rust** und seinen Flug zum Roten Platz redete. Sonst alles ruhig in Deutschland. So ruhig, dass man sogar gleich zu Beginn die **Neujahrsansprache von Helmut Kohl** verwechselt.

1988

Bad taste galore: **Der letzte Schrei sind Sweatshirts mit Comicfiguren.** Wer hier nicht erblindet, sieht die Einführung des **DAX**, den „**Prinz aus Zamunda**" und das widerwärtige Geiseldrama von Gladbeck.

1989

Gute Nachrichten: **Die Mauer fällt und Khomeini stirbt.** Auf der negativen (Titel)Seite wird allerdings **Milosevic serbischer und Bush Senior US-Präsident.** Wie es auch kommt, Bobby McFerrin hat die endgültige Lebenshymne auf den Stimmbändern: **„Don´t worry, be happy".**

Ein historisches Bauwerk von epochaler Bedeutung, niedergerissen aus Gier nach D-Mark und Bananen. Ein kulturpolitisches Fiasko, das der amerikanische Mäzen und Feingeist Donald Trump durch seine geplante Replik an der mexikanischen Grenze bestenfalls nur unvollständig wird wettmachen können.

Baujahr 1968 Wer hat an der Uhr gedreht …?!

Kaum dass man sich versah, war auf einmal die Schule vorbei und führte uns, je nach Abschluss, in verschiedene Richtungen. Die Jungs zunächst zum Bund oder in den Zivildienst. Viele nutzten diese Zeit, um auszutesten, wie groß die Widerstandsfähigkeit ihres jungen Körpers gegen Alkohol, Willkür und Langeweile war. Nach dieser Härteprüfung brauchte es zunächst mal eines: Urlaub! Weil „Spring Break" und Malle bestenfalls wilde Fantasien von Endzeit-Apokalypsen wie Biffcos Imperium in „Zurück in die Zukunft II" waren, fuhren wir einfach mit dem Auto weg.

> Egal, wie kaputt die Straßen waren, unsere Autos waren kaputter. Wir fuhren in siechenden Blechkisten los, ohne auch nur zu hoffen, mit demselben Gefährt auch wieder nach Hause zu kommen. Trotzdem haben wir das dann doch fast immer geschafft. Murphy's Law lässt grüßen!

Richtung Griechenland ging es über den Autoput. Nomen est omen. Oder nach Spanien über die „Route de Soleil", wo Wegelagerer in Mauthäuschen unser karges Ferienbudget zerlegten. Es war für viele von uns der letzte große Trip in totaler Freiheit, denn kaum, dass man wieder in der Heimat war, blies einem der Wind des Lebens unerfreulich schneidend ins Gesicht.

Weil niemand auf die Idee gekommen wäre, sich bis zum 30. Lebensjahr oder länger zu alimentieren, um sich selbst zu finden oder entfalten zu können, hieß es nun: Arbeit, Arbeit, Arbeit – als Student in den Semesterferien oder in der Ausbildung gleich das Vollzeit-Programm. Mit dem so verdienten Geld wollten wir dann aber auch auf eigenen Füßen stehen. „Hotel Mama", das war für uns die absolut letzte Option. Wir suchten uns bezahlbare Buden, alleine oder in WGs, und lernten dabei, dass am Ende des Gehalts noch jede Menge Monat übrig sein konnte. Oft war es trotzdem eine super Zeit.

Wir gingen in schicke Bars und verrauchte StudentenKneipen, wir tanzten in den ersten Großraum-Dissen oder auf Bottle-Partys. Gerne besuchten wir die von der ZVS im ganzen Land versprengten Freunde in ihren neuen Heimatstädten und hatten immer vor allem eines: jede Menge Spaß – bis dem Party Animal in uns mit Mitte zwanzig so langsam die Luft ausging.

Unsere Beziehungen wurden immer langfristiger und die Frage nach eigenen Kindern, denen wir dann das Fernsehen verbieten wollten, kam auf. Wenn wir da schon geahnt hätten, welche Überraschungen in den grauen Kisten auf uns warten würden, die man neuerdings überall und immer häufiger herumstehen sah! Egal, wir hätten wohl trotzdem nichts anders gemacht.

Wir wussten es nicht besser. Die Teufel Alkohol und Nikotin lauerten an jeder Ecke und wer mal vor die Tür ging, tat dies, um frische Luft zu schnappen und nicht, um dort zu rauchen. Aber egal, wie viel Gift wir schon konsumiert hatten, wenn jemand auf der Party AC/DC oder die Bee Gees auflegte, gingen wir sofort steil.

Genauso wenig wie Fußball-
Europa- und Weltmeister
werden oder sowohl im Einzel
wie auch im Doppel Wimbledon
gewinnen. So was machen wir
mit Links - oder per Köpfchen
und der rechten Rückhand.

Baujahr 1968 Das Ende vom Anfang

Und dann ging alles auf einmal so unglaublich schnell!
Der erste Job. Das erste Kind. Manchmal eine erste, schwere Trennung oder der Verlust eines geliebten Menschen. Statt Konzert und Kino immer häufiger die Couch. Kein Wunder, bei dem ganzen Stress und der ganzen Unsicherheit. Gingen unsere Eltern spätestens mit 30 mit dem sicheren Gefühl zur Arbeit, dass ihnen dort außer gelegentlicher Beförderungen keine Veränderungen ins Haus stehen würden, müssen wir jeden Tag etwas Neues lernen, um wenigstens zu behalten, was wir gerade haben.

Wenn es uns gerade mal wieder Oberkante Unterlippe steht, dann denken wir gerne daran zurück, wie glücklich unsere eigene Kindheit und Jugend gewesen war. Denn wir waren in einer Zeit Kinder, in der wir das Wasser aus Wasserhähnen und nicht aus Flaschen tranken.

Sie waren gekommen, um zu bleiben. Warum sind die blöden Kisten nicht einfach im Raumschiff Enterprise geblieben?

Wir verließen morgens das Haus zum Spielen. Wir blieben den ganzen Tag weg und mussten erst zu Hause sein, wenn die Straßenlaternen angingen. Niemand wusste, wo wir waren und wir hatten nicht einmal ein Handy dabei!

Wir aßen Kekse, Brot mit massig Butter, tranken viel und wurden trotzdem nicht zu dick.

Wir hatten keine Playstation, keinen Computer oder Chatrooms. *Wir hatten Freunde!*

Wir gingen einfach raus und trafen sie auf der Straße. Oder wir marschierten zu deren Heim und klingelten. Keiner brachte uns oder holte uns ab. Wie war das nur möglich? Wir dachten uns Spiele aus, mit Holzstöcken und Tennisbällen. Außerdem aßen wir Würmer. Und die Prophezeiungen trafen nicht ein: Die Würmer lebten nicht in unseren Mägen für immer weiter. Wenn einer von uns gegen das Gesetz verstoßen hatte, war klar, dass seine Eltern ihn nicht aus dem Schlamassel raushauen würden. Im Gegenteil: Sie waren oft derselben Meinung wie die Polizei!

Unsere Generation hat eine Menge innovativer Problemlöser und Erfinder mit Risikobereitschaft hervorgebracht. Wir hatten Freiheit, Misserfolg, Erfolg und Verantwortung. Wir waren Helden – so was baut heute keiner mehr!

Diese Zeiten sind leider unwiederbringlich vorbei. Aber wir werden alles tun, dass auch unser Nachwuchs dasselbe von seinen schönsten Lebensjahren sagt!*

(*Auch wenn es unter ihnen reichlich verzogene Weißpappen gibt, die man am liebsten ... Aber das macht man heute ja nicht mehr.)